LECTURES CLE EN FRANÇAIS FACILE

Le rugby, 200 ans de passion

Nicolas Gerrier

Crédits photographiques :
Couverture : © Melinda Nagy, Adobestock
Page 5 : © michael715, Adobestock
Page 8 : © The Calne Collection/Popperfoto / Contributeur, Getty
Page 11 : © Bob Thomas, Contributeur, Getty
Page 16 : © Juan Manuel Serrano Arce / GETTY IMAGES EUROPE / Getty Images via AFP
Page 25 : © David Ramos – World Rugby , Contributeur, Getty
Page 31 : © Xavier Laine, Contributeur, Getty
Page 36 : © David Ramos – World Rugby / Contributeur, Getty ; © Pauline Ballet – World Rugby / Contributeur, Getty ; © Dan Mullan – RFU / Contributeur, Getty
Page 37 : © Federugby / Contributeur, Getty ; © Adam Pretty – World Rugby / Contributeur, Getty ; © David Ramos – World Rugby / Contributeur, Getty
Page 47 : © Fiona Goodall – World Rugby / Contributeur, Getty
Page 48 : © David Rogers / Employé

Direction éditoriale : Béatrice Rego
Marketing : Thierry Lucas
Édition : Marie-Charlotte Serio
Couverture : Fernando San Martin
Mise en page : Isabelle Vacher
Enregistrement : Blynd

© CLE International, 2024
ISBN : 978-209-039558-7

INTRODUCTION

Le rugby est né il y a deux cents ans en Angleterre. Tout d'abord joué dans les collèges par de jeunes gens privilégiés, il a conquis petit à petit les colonies britanniques, puis les îles du Pacifique, la France, les Amériques et le monde entier. Aujourd'hui, plus de 8 millions de personnes le pratiquent dans 120 pays et les joueurs professionnels jouent dans des stades devant 80 000 spectateurs. Certains le considèrent comme un sport brutal où tout est permis. Ce sont ceux qui ne le connaissent pas. Les amateurs, eux, y voient une école de la vie, porteuse de valeurs comme le respect, la combativité, l'entraide, le sacrifice, la générosité... Bienvenue dans le monde de l'ovalie*.

Les mots ou expressions suivis d'un astérisque (*) sont expliqués dans le Vocabulaire, page 56.

CHAPITRE 1
D'un collège anglais au monde entier

Un jour du mois de novembre 1823, les élèves du prestigieux collège de la ville de Rugby au centre de l'Angleterre disputent un match de football. William Webb Ellis, 17 ans, l'un des élèves les plus âgés de l'école, prend la balle dans ses mains. Il doit taper la balle avec son pied pour l'envoyer le plus loin possible. C'est la règle du jeu. Pourtant, William garde la balle dans ses mains et se met à courir en direction des buts de ses adversaires. Il vient d'inventer un nouveau jeu : le rugby. Cette histoire est-elle vraie ? Est-ce plutôt une légende ? Personne ne le sait. C'est un ancien élève qui la raconte dans le journal de l'école en... 1880 ! William Webb Ellis, lui, est mort en 1872 sans savoir que le monde a fait de lui « l'inventeur » du rugby.

Depuis des siècles.
Le rugby est surtout l'héritier[1] de tous les jeux pratiqués avec une balle partout dans le monde depuis des millénaires. En France, on joue à la soule depuis le Moyen âge. Ce jeu oppose deux équipes de plusieurs centaines de joueurs qui essayent d'apporter un objet rond d'un endroit à un autre. Il n'y a pas de règles* précises. Les rencontres entre villages finissent souvent en bagarres générales[2]. C'est pourquoi la soule est interdite en 1319 par le roi Philippe V ! En Angleterre, dès le XVIe siècle, le sport est une activité importante de l'éducation des jeunes gens de

---
1. Un héritier : il reçoit quelque chose.
2. Une bagarre générale : tous les joueurs se donnent des coups.

Statue de William Webb Ellis dans la ville de Rugby, en Angleterre

la haute société. Les professeurs l'utilisent pour développer les valeurs morales et physiques de leurs élèves. Chaque école a son jeu préféré et ses propres règles. En 1846, le collège de Rugby publie les règles de son « football rugby ». Certaines ressemblent au rugby d'aujourd'hui. Il y a en effet trois sortes de joueurs : les avants (surnommés les chiens), les demis (les renards) et les arrières (les chevaux). Et quand un joueur réussit à franchir une ligne avec le ballon, il a le droit d'essayer de faire passer le ballon entre des poteaux en forme de « H ».

Le premier match.
Le football rugby se répand en Angleterre grâce aux élèves de Rugby qui partent étudier dans les grandes universités comme Oxford ou Cambridge. Le jeu reste longtemps pratiqué seulement par la haute société. Le 26 janvier 1871, ce nouveau sport nait officiellement avec la création de sa propre fédération*, la Rugby Football Union. Le premier match international a lieu à Édimbourg, le 27 mars 1871 : vingt Anglais jouent contre vingt Écossais pendant deux fois cinquante minutes, devant quatre mille spectateurs et ... perdent le match.

À l'assaut du monde.
À la fin du XIXe siècle, le rugby voyage sur les bateaux des marins anglais. Il atteint les colonies britanniques, l'Afrique du Sud, l'Australie et la Nouvelle-Zélande, mais aussi l'Amérique du Sud et du Nord. En France, il arrive dans les ports du Havre et de Bordeaux en 1872. Pendant ce temps, les Britanniques s'organisent : à partir de 1875, les équipes d'Angleterre, d'Écosse, d'Irlande et du Pays de Galles essayent de se rencontrer une fois par an. On

crée des trophées[3] pour le vainqueur du match Angleterre-Écosse (la Calcutta Cup) ou pour l'équipe qui bat ses trois adversaires (la Triple couronne). Ils existent encore aujourd'hui. Les règles du jeu deviennent plus précises : le ballon est en cuir et prend une forme ovale ; les équipes ont quinze joueurs ; le terrain a des dimensions fixes. Petit à petit, chaque pays crée sa propre fédération et organise ses clubs et son équipe nationale. Le tournoi annuel entre les Britanniques est officiellement lancé en 1884. Mais des problèmes d'arbitrage, de désaccord sur les règles ou de manque de joueurs perturbent les premières éditions. Pour y remédier[4], les fédérations écossaise, galloise et irlandaise créent en 1886 l'International Rugby Football Board (IRFB). Cette association est responsable du respect des règles, de la protection des joueurs et du développement du rugby. Les Anglais, créateurs de ce sport, refusent dans un premier temps d'en être membres, car ils ne veulent pas partager leur pouvoir. Les quatre fédérations s'opposent également sur la forme des clubs : doivent-ils rester amateurs ou devenir professionnels ? La haute société n'a pas besoin d'argent et continuer à jouer « seulement pour le plaisir ». Alors que les clubs de joueurs moins riches veulent des aides pour pouvoir travailler et jouer au rugby. Le rugby à XV s'accroche à son amateurisme et de nombreux clubs se tournent vers le rugby à XIII[5], sport qui passe très rapidement au professionnalisme. Mais la question reste d'actualité pendant plus de cent ans !

---

3. Un trophée : un objet qu'on donne au vainqueur d'un match ou d'une compétition.
4. Remédier : régler les problèmes.
5. Le rugby à XIII : le rugby pratiqué par des équipes de treize joueurs et non de quinze joueurs.

Matchs internationaux.

Le début du XXe siècle est celui de la mondialisation du rugby, notamment grâce aux tournées* qui opposent les équipes de l'hémisphère sud et de l'hémisphère nord. La Nouvelle-Zélande vient pour la première fois en Europe pendant 4 mois en 1905. Elle gagne 34 matchs et en perd un seul contre le Pays de Galles. Elle marque 830 points alors que ses adversaires n'en marquent que 39. Les Néo-Zélandais impressionnent par leur vitesse, leur engagement et leur technique. La France s'incline* contre eux, 38 à 8, le 1er janvier 1906 à Paris devant 4000 spectateurs. Il s'agit du premier match international officiel de l'équipe de France. Deux mois plus tard, les bleus* perdent également (35-6) lors de leur premier match officiel contre l'Angleterre. Mais le mouvement est lancé : la France s'intègre petit à petit dans ce sport dominé par les Britanniques et participe en

L'équipe anglaise de rugby avant le match contre la France, dans le stade de Twickenham, à Londres, le 28 janvier 1911. L'Angleterre s'est imposée 37 à 0.

1910 au premier Tournoi des cinq nations (Angleterre, Écosse, Pays de Galles, Irlande, France). Le rendez-vous est d'ailleurs pris pour se rencontrer chaque hiver.

Des hauts et des bas.
Le 2 janvier 1911, la France remporte sa première victoire internationale contre l'Écosse. Deux ans plus tard, au Parc des Princes de Paris, devant 25 000 spectateurs, les Écossais prennent leur revanche*. Le public furieux envahit la pelouse et veut se venger sur l'arbitre. Les joueurs français le cachent dans les vestiaires et l'aide à quitter discrètement le stade. Cet évènement entraine l'interdiction pour la France de participer au Tournoi jusqu'en 1920. C'est l'année de la création de la Fédération française de Rugby (FFR). Mais les Anglais continuent de critiquer la violence des joueurs et des supporters français, ainsi que les pratiques professionnelles. En 1929, par exemple, l'industriel Jean Bourrel recrute les meilleurs joueurs de l'époque pour son club de Quillan, une toute petite ville du Sud-Ouest. Le club est champion de France en 1929, et finaliste en 1928 et 1930. Cela ne plait pas aux Anglais qui font exclure la France des rencontres internationales de 1931 à la fin de la Seconde Guerre mondiale. La France retrouve le tournoi le 1er janvier 1947 avec une victoire contre l'Écosse et part pour la première fois en tournée en Argentine en 1949. L'IRFB s'ouvre un peu au monde et accueille la Nouvelle-Zélande et l'Afrique du Sud en 1948, puis l'Australie en 1949. Mais en 1952 les Anglais critiquent de nouveau la violence et l'argent dans le rugby français. Pour rester dans le Tournoi, les dirigeants de la FFR arrêtent le championnat de France et publient la liste des joueurs en cause. Des relations

plus calmes s'installent avec les Anglais et, petit à petit, la France est reconnue comme une nation du rugby. Elle ne manque pas cette chance car, en 1954, elle bat les All Blacks à Colombes et termine première du Tournoi, à égalité de points avec le Pays de Galles. Puis, elle bat les Gallois pour la première fois à Cardiff en 1958 et termine seule à la première place du Tournoi l'année suivante. En 1961, la France est la première nation européenne à partir en tournée en Nouvelle-Zélande. En 1978, elle est le premier pays non britannique à rejoindre l'IRFB.

Télévision et la politique.
Le 15 janvier 1827, la radio anglaise BBC, retransmet pour la première fois un match de rugby, Angleterre-Pays de Galles. Mais c'est un autre média qui permet au grand public de découvrir le rugby et va accélérer son développement : la télévision. France-Irlande, en 1956, est le premier match retransmis à la télévision française. À partir de 1958, les quatre matchs du Tournoi de l'équipe de France deviennent un rendez-vous incontournable pour les amateurs. Aujourd'hui, c'est plus de dix millions de téléspectateurs qui vibrent devant chaque match des joueurs français. À l'opposée, dans les années 1970, le rugby doit tenir compte de la politique. Le régime d'apartheid d'Afrique du Sud[6] incite de nombreux pays à refuser de jouer contre l'équipe nationale. Le pays est d'ailleurs exclu des compétitions internationales jusqu'à l'élection de Nelson Mandela à la présidence de la République en 1994. En Europe, l'Écosse et le Pays de Galles refusent d'aller jouer en Irlande à cause des violences dues au conflit nord-irlandais.

---

6. Le régime d'apartheid : en Afrique du Sud, entre 1948 et 1991, les populations noire et blanche n'avaient pas les mêmes droits.

Frank Mesnel (France) lors de la finale de la Coupe du monde de rugby opposant la Nouvelle-Zélande à la France, qui s'est déroulée à l'Eden Park d'Auckland le 20 juin 1987.

Une nouvelle ère.
En juin 1987, seize pays participent à la première Coupe du Monde qui se déroule en Australie et en Nouvelle-Zélande. La Nouvelle-Zélande bat la France en finale et devient la première équipe championne du monde de l'histoire. Cela récompense un pays considéré depuis longtemps comme le meilleur du monde. Longtemps refusée par l'Angleterre, cette compétition donne un nouvel élan au rugby. Un an plus tard, l'IRFB abandonne le « F » de Football et devient tout simplement l'International Rugby Board (puis World Rugby en 2014). Le 26 août 1995, Bernard Lapasset, président français de l'IRB, annonce l'arrivée du

professionnalisme dans le rugby. Mais chaque pays est libre de son choix et le rugby français ne devient professionnel qu'en 1998. Une nouvelle ère commence avec l'arrivée de l'argent : les clubs deviennent la propriété d'investisseurs, les meilleurs joueurs sont recrutés dans le monde entier, les droits de retransmissions télévisées[7] atteignent des montants très importants. Le jeu inventé dans un collège anglais devient un sport-spectacle et conquiert le monde entier.

Et les femmes ?
En France, dans les années 1890, les femmes pratiquent la « barette ». C'est un rugby à douze joueuses où les coups au pied et les plaquages* sont interdits. Dans les années 1920, Marie Houdré, une médecin engagée dans la santé sportive des femmes, encourage sa pratique au sein du Femina Sports, un club omnisports féminin. Mais la barette doit faire face à de nombreuses critiques misogynes[8] et il disparait. La pratique du rugby féminin revient vers 1960, encouragée par l'émancipation des femmes. Il reste un temps dans les écoles et les universités avant de conquérir un public plus large. Le championnat de France existe depuis 1972, la coupe du Monde depuis 1991 et un Tournoi des Six Nations sur le modèle de celui des hommes depuis 1996. Intégré à la FFR et à World Rugby, environ 2,5 millions de femmes jouent au rugby dans le monde.

---

7. Les droits de retransmissions télévisées : l'argent payé par les télévisions pour retransmettre un match.
8. Mysogine : qui fait preuve de mépris envers les femmes.

CHAPITRE 2
Un jeu bien réglé

Vous ne connaissez rien au rugby et vous pensez que les joueurs font ce qu'ils veulent sur le terrain ? C'était sans doute vrai durant une bonne partie de l'histoire de ce sport, mais aujourd'hui, c'est faux ! Les joueurs doivent respecter de nombreuses règles et sont surveillés par des arbitres qui ne laissent (presque) rien passer. Bienvenu dans un monde bien réglé et parfois difficile à comprendre.

Le but.
Le rugby est un jeu simple : il faut conquérir le ballon et gagner du terrain. Mais il faut le faire dans les règles. World Rugby, l'organisation qui dirige le rugby mondial, en a défini vingt et une. Elles ont pour but de protéger les joueurs et de les aider à jouer dans l'esprit de ce sport. Parfois, certaines règles sont expérimentées dans des championnats ou des tournois avant d'être généralisées[9] ou abandonnées.

L'organisation générale.
Le jeu oppose deux équipes de 15 joueurs pendant deux mi-temps de quarante minutes. Les joueurs font une pause (la mi-temps) de quinze minutes entre ces deux périodes. Chaque équipe a le droit à 8 remplacements par match. Le ballon est ovale pour être facilement tenu dans les mains et contre la poitrine. Il mesure environ 30 cm de long et sa

---
9. Généralisées : valable pour tous les matchs de rugby dans le monde.

circonférence[10] est de 60 cm en son centre. Il pèse environ 410 grammes. Le terrain est un rectangle de 70 mètres de large sur 100 mètres de long. Il est délimité sur les côtés par les deux *lignes de touche* et, à chaque extrémité, par les deux *lignes de but*. Au centre de chaque ligne de but se trouvent des poteaux disposés en forme de « H ». Derrière les poteaux, la *zone d'en-but* s'étend sur un maximum de 22 mètres de profondeur. Des lignes spécifiques (à dix mètres du centre du terrain, à vingt-deux mètres de la ligne de but) déterminent des zones particulières sur le terrain.

Les maîtres du jeu.
Un arbitre central et deux juges de touche contrôlent le match. Depuis 2001, un arbitre vidéo, le Television match official (TMO), les assiste. Au rugby, l'arbitre est très respecté et les joueurs ne contestent généralement pas ses décisions. S'ils le font, l'arbitre peut les faire reculer de dix mètres dans leur camp. Lorsqu'un joueur fait une action dangereuse ou d'antijeu l'arbitre lui donne un carton jaune. Ce joueur doit alors quitter le terrain pendant dix minutes. Si la faute est grave, l'arbitre lui donne un carton rouge et le joueur ne joue pas la fin du match. Durant un match, l'arbitre parle souvent pour éviter des fautes et expliquer ses décisions. Il le fait également grâce à 40 gestes spécifiques. Avant le match, l'arbitre réalise un tirage au sort (le toss) à l'aide d'une pièce avec les deux capitaines*. Le vainqueur choisit soit le côté de terrain où son équipe va commencer le match soit de donner le coup d'envoi*.

---

10. La circonférence : la longueur d'un cercle.

Comment gagner ?
Le match commence par le coup d'envoi : un joueur tape le ballon avec le pied depuis le centre du terrain, au moins dix mètres devant lui. Ensuite, chaque équipe essaye de marquer des points. L'équipe qui a le plus de points à la fin du temps réglementaire gagne la partie. On marque des points quand on réalise un *essai*, une *transformation*, une *pénalité* ou un *drop*. Un *essai* consiste à aplatir le ballon dans la zone d'en-but de l'adversaire. Il rapporte 5 points. L'équipe a ensuite la possibilité de transformer l'essai. Pour cela, un joueur tape la balle avec le pied et essaye de la faire passer entre les poteaux, au-dessus de la barre transversale. La *transformation* rapporte 2 points supplémentaires. Si une équipe commet un jeu déloyal (obstruction au jeu, répétition de fautes, antijeu), l'équipe adverse peut obtenir directement un essai de pénalité qui rapporte 7 points. Lorsqu'un joueur commet une faute*, l'arbitre siffle une *pénalité*. Un joueur botte* la balle depuis l'emplacement de la faute et essaye de faire passer la balle entre les poteaux, au-dessus de la barre transversale. Une pénalité réussie rapporte trois points. En cours de jeu, un joueur peut réaliser un *drop* : il laisse tomber le ballon devant lui et la frappe avec le pied juste après le rebond du ballon. Si la balle passe entre les poteaux, le drop rapporte trois points.

Vers l'avant.
Pendant le jeu, un joueur doit passer la balle avec la main à un coéquipier situé derrière lui (en revanche, il peut la passer au pied vers l'avant). Dans le cas contraire, ou si un joueur laisse tomber le ballon devant lui, l'arbitre siffle un *En avant*. Le ballon est alors remis en jeu grâce à une

Gaëlle Hermet de l'équipe de France féminine tente de récupérer le ballon lors d'une touche pendant le 1er match des Internationaux d'Automne entre la France et la Nouvelle-Zélande au Stade du Hameau le 13 novembre 2021 à Pau, en France.

mêlée : huit joueurs de chaque équipe forment un dôme au milieu duquel un autre joueur lance le ballon. Après l'*introduction** du ballon, les joueurs poussent jusqu'à ce que l'une des équipes récupère le ballon pour continuer le jeu. Lorsque le ballon sort des limites du terrain, l'arbitre siffle une *touche*. Un nombre égal de joueurs de chaque équipe s'aligne face à face. Un joueur lance la balle au milieu des deux rangées. L'équipe qui la récupère continue le jeu.

Le plaquage.

Un joueur qui avance avec le ballon peut être plaqué au sol par un adversaire pour arrêter sa progression. Une fois au sol, le joueur plaqueur doit relâcher son adversaire. Le joueur plaqué doit relâcher le ballon qu'un de ses coéquipiers attrape pour continuer le jeu. Mais des joueurs de chaque équipe peuvent aussi se disputer le ballon au sol tout en restant sur leurs *appuis**. On dit alors qu'ils forment un *ruck*. Dans ce cas, aucun joueur ne peut faire glisser le ballon au sol (on dit gratter) avec ses mains, mais il doit le faire avec ses pieds ou bien se saisir du ballon avec les mains. Les joueurs liés par les bras et les épaules peuvent pousser ensemble pour récupérer le ballon situé dans le camp adverse.

Tous ensemble.

Les joueurs d'une même équipe peuvent se lier et rester debout pour faire avancer le ballon. On dit alors qu'ils forment un *maul*. Les joueurs se passent le ballon de mains en mains vers l'arrière pour empêcher les adversaires de l'attraper. De nouveaux joueurs peuvent rejoindre le maul, mais toujours par l'arrière de celui-ci. Un joueur n'a pas le droit d'expulser un de ses adversaires du maul ou de *faire* *écrouler le maul**. Le maul s'arrête quand le porteur du ballon le quitte. Mais si le ballon ne sort pas du maul, la défense obtient une mêlée.

Le casse-tête du hors-jeu.
Un joueur est *hors-jeu* lorsqu'il se trouve devant son coéquipier qui a le ballon dans les mains ou qui le tape avec le pied. Dans ce cas, il ne doit pas participer au jeu tant qu'il n'est pas de nouveau *en jeu*, c'est-à-dire dans une position régulière (par exemple lorsque son coéquipier avec le ballon repasse devant lui). Lors des mauls, rucks, mêlées, touches ou pénalités, des lignes imaginaires de hors-jeu (distances par rapport au maul, ruck...) permettent aux joueurs de savoir s'ils sont ou non hors-jeu. Si un joueur est hors-jeu, l'arbitre siffle une faute. L'équipe adverse choisit entre taper une pénalité ou jouer une mêlée.

L'avantage.
L'arbitre peut ne pas siffler immédiatement la faute d'une équipe si l'autre équipe peut tirer *avantage* de la suite du jeu. Si ce n'est pas le cas, l'arbitre *revient à la faute* et siffle une faute.

Attention.
Un joueur est dans son camp et tape le ballon au pied dans le camp adverse. Le ballon doit toucher le sol avant de sortir en touche. S'il sort directement, l'équipe adverse obtient une mêlée à l'emplacement du botteur. Dans le cas où le ballon touche le sol et sort dans les 22 mètres de l'adversaire, c'est l'équipe du botteur qui obtient la touche (on appelle cela une *50-22*).

Prudence.
Lorsqu'un joueur reçoit un choc à la tête, l'arbitre met en place le *protocole commotion*. Un médecin examine le joueur dans les vestiaires pour éliminer le risque de commotion cérébrale[11]. Le médecin décide alors si le joueur peut ou non continuer la partie. Depuis 2023, les joueurs et joueuses portent un protège-dent[12] connecté qui donne des informations sur la violence du choc reçu à la tête.

La troisième mi-temps.
Les deux mi-temps d'une rencontre de rugby se déroulent sur le terrain. Les joueurs se battent pour la victoire finale, dans le respect des règles, mais sans pitié pour l'adversaire. Lors de la troisième mi-temps, les joueurs se retrouvent pour faire la fête. Incontournable dans les clubs amateurs, cette tradition de l'ovalie est moins présente aujourd'hui dans les clubs professionnels à cause des exigences du sport de haut niveau.

Des variantes.
Il existe d'autres façons de jouer au rugby. Le rugby à 7 existe depuis la fin du XIXe siècle. Il est devenu populaire à partir de 1976 grâce au tournoi de Hong Kong. Deux équipes de sept joueurs (avec cinq remplaçants) s'affrontent sur un terrain de rugby à XV, pendant deux mi-temps de sept minutes. Les règles sont différentes du rugby à XV. Par exemple, les transformations et les pénalités se tapent en drop, trois joueurs forment la mêlée et la touche est faite avec un couloir de deux joueurs, les équipes disputent plusieurs matchs par jour. Les équipes nationales se

---

11. Une commotion cérébrale : une blessure au cerveau à cause d'un choc.
12. Un protège-dent : un morceau de plastique placé sur les dents qui les protège contre les chocs.

rencontrent lors des Séries mondiales, un ensemble de onze tournois pour les hommes et sept chez les femmes. Les Fidji et les Samoa font partie des meilleures équipes du monde. Une autre variante du rugby, le rugby à XIII, est le sport le plus populaire en Australie. Ses règles diffèrent du rugby à XV notamment par le plaquage (un joueur mis au sol avec son ballon se relève et passe la balle au pied en arrière à un coéquipier), la mêlée (il s'agit juste d'une remise en jeu) et les attaques (après six actions d'attaque sans succès, l'équipe doit rendre le ballon à l'adversaire en le tapant avec le pied). Il existe aussi une version handisport du rugby, le rugby fauteuil. Il s'agit d'un mélange de rugby, de hockey et de basket-ball. Dans le Touch Rugby, il n'y a pas de plaquage, mais on arrête l'adversaire en le touchant avec la main. Le Beach Rugby, lui, se pratique sur le sable. Et le rugby subaquatique se joue en apnée[13] de quinze secondes environ avec un ballon qui ne flotte pas.

---

13. L'apnée : l'arrêt de la respiration.

CHAPITRE 3
Du côté des joueurs

CHAQUE JOUEUR d'une équipe occupe une position et a un rôle particulier sur le terrain. Ceux-ci sont généralement liés à son physique et correspondent à son numéro sur le maillot. Huit avants et sept arrières composent l'équipe.

Les avants.
Les avants sont les joueurs les plus proches de l'adversaire. On les appelle amicalement « les gros » car leur physique est impressionnant. Leur rôle principal est de conquérir le ballon. On distingue la première ligne (2 joueurs appelés *piliers* et un joueur appelé *talonneur*), la deuxième ligne (2 joueurs) et la troisième ligne (2 joueurs sur le côté et un joueur au centre). Les deux piliers (numéros 1 et 3) poussent en mêlées et soulèvent leurs coéquipiers dans les touches. Ils sont généralement plus lourds (110 kilogrammes environ), plus petits (1,80 m environ) et courent moins vite que les autres. Le talonneur (numéro 2), se place entre les deux piliers en mêlée. Il assure l'équilibre de la mêlée et talonne* le ballon pour le ramener vers son camp. Il effectue également le lancer en touche. Les 2 deuxièmes lignes (numéros 4 et 5) sont souvent les joueurs les plus grands (2 mètres environ). Ils poussent en mêlées derrière les piliers et sautent en touche. Ils récupèrent le ballon lors du coup d'envoi grâce à leur taille. Lors des regroupements au sol, ils déblaient* pour protéger ou récupérer le ballon. Les 2 troisièmes lignes ailes (numéros 6 et 7) sont des

joueurs puissants et endurants[14] qu'on voit partout sur le terrain : ils poussent en mêlée, courent après le porteur du ballon adversaire et plaquent beaucoup. Le troisième ligne centre (numéro 8) est souvent de grande taille et a un rôle très tactique. Il est placé à l'arrière du pack* en mêlée et extrait le ballon pour organiser l'attaque.

Les arrières.
Le demi de mêlée (numéro 9) est placé entre les avants et les arrières. On le voit beaucoup car il récupère le ballon dans de nombreuses situations pour lancer le jeu à la main ou au pied. Il est souvent petit et très dynamique. Le demi d'ouverture (numéro 10) est un joueur très technique. Il oriente le jeu et déclenche les attaques avec ses passes au pied ou à la main. Il est souvent botteur et tape les pénalités et les transformations. Le 9 et le 10 forment ce qu'on appelle *la charnière*. Ils sont responsables de la tactique et orientent le jeu grâce à leur bonne vision du jeu[15] et à leurs gestes inattendus. Les trois-quarts centres (numéros 12 et 13) cassent la ligne de défense adverse par la force ou par des feintes ou par des combinaisons* de passes avec leurs coéquipiers. Ils sont rapides et puissants. En défense, ils plaquent beaucoup pour récupérer le ballon. Les ailiers (numéros 11 et 14) terminent les attaques et marquent des essais. Ils sont les plus rapides de l'équipe. L'arrière (numéro 15) attrape les ballons tapés au pied par l'adversaire. Rapide, il a un bon coup de pied et lance les attaques.

Les finisseurs.
Autrefois, les huit remplaçants regardaient match depuis le bord du terrain sans être sûrs de rentrer sur le terrain.

---

14. Endurant : qui résiste longtemps à un effort.
15. La vision du jeu : la compréhension de la tactique des deux équipes.

Ils jouaient seulement en cas de blessure ou de mauvaises prestations des titulaires*. Aujourd'hui, ces finisseurs (on les appelle comme cela) sont certains d'entrer en jeu et ont un rôle aussi important que leurs coéquipiers.

Les staffs.
Le staff est l'ensemble des personnes qui encadrent les joueurs. Il est souvent composé d'un sélectionneur-entraineur qui choisit les joueurs, d'un entraineur pour chaque ligne de joueurs, de préparateurs physiques, de préparateurs mentaux, de diététiciens, de médecins et kinésithérapeutes, d'analystes des données… Lors de la Coupe du Monde 2023, le staff de l'équipe de France comptait plus de trente personnes.

Les données.
Les joueurs s'entrainent et jouent avec un GPS dans le dos qui enregistre de nombreuses données : vitesse, distance parcourue, énergie dépensée… Elles sont analysées pour améliorer leurs performances. La vidéo et les statistiques aident aussi les entraineurs à comprendre les tactiques des équipes adverses pour les mettre en échec. Vidéos et données servent donc à connaitre ses propres forces et faiblesses ainsi que celles des adversaires.

Bien joué !
Les joueurs répètent leurs gestes, leurs actions et leurs combinaisons de très nombreuses fois à l'entrainement. Ainsi, ils deviennent naturels lors d'un match. Le *cadrage débordement* est l'une des meilleures armes pour passer un adversaire : le joueur avec le ballon fait un mouvement vers un côté (le cadrage) puis subitement part vers l'autre côté et accélère (le débordement). L'une des passes les

plus spectaculaires est la chistera (son nom vient de l'instrument en osier utilisé en pelote basque) : il s'agit d'une passe effectuée par un joueur dans son propre dos en lançant son bras vers l'arrière. La sautée consiste à passer la balle non pas à son coéquipier le plus proche, mais à un autre situé plus loin sur le terrain. La redoublée consiste à passer la balle à un coéquipier qui vous la redonne une fois que vous êtes passé derrière lui. La 89 se passe entre les numéros 8 et 9 : en sortie de mêlée, le troisième ligne centre (numéro 8) se saisit du ballon et la passe au demi de mêlée (numéro 9). Lors des phases statiques (mêlées, touches, pénalités) les joueurs échangent entre eux des noms ou numéros de combinaisons avant de remettre la balle en jeu. Chaque joueur sait ainsi quel est son rôle lors de la prochaine phase de jeu.

Toujours plus forts.
L'arrivée du professionnalisme dans les années 1990 a fait évoluer le physique des joueurs. Les rugbymen sont aujourd'hui des athlètes de très haut niveau aux performances impressionnantes. Le défi physique et les contacts sont devenus des éléments essentiels du rugby et imposent des gabarits[16] hors-normes. Le poids moyen des joueurs français à la Coupe du Monde de 1995 était de 96 kg alors qu'il était de 104 kg à celle de 2023. Les joueurs s'entrainent aussi sans ballon lors de longues séances de musculation et d'endurance.

Les valeurs.
En 2009, World Rugby a défini les valeurs du rugby que les joueurs doivent suivre sur et en dehors du terrain :

---

16. Un gabarit hors-norme : un physique très supérieur à la moyenne des personnes.

Le capitaine irlandais Jonathan Sexton et son équipe applaudis par les joueurs Néo-Zélandais après le match de quart de finale de la Coupe du monde de rugby France 2023 entre l'Irlande et la Nouvelle-Zélande au Stade de France le 14 octobre 2023 à Paris, France.

l'honnêteté, la passion, la solidarité (c'est-à-dire le sens du collectif et de la camaraderie au-delà des différences culturelles, géographiques, politique ou religieuses), la discipline (le respect des règles, du règlement et des valeurs) et le respect (des adversaires, des coéquipiers, des arbitres et de l'encadrement). On demande aux joueurs d'être « fair-play ». C'est-à-dire de respecter les règles et leurs adversaires et d'accepter la défaite. À la fin de chaque match, l'équipe gagnante forme une haie d'honneur[17] pour applaudir ses adversaires. Les vaincus célèbrent ensuite les vainqueurs de la même façon.

---

17. Une haie d'honneur : un couloir formé par deux lignes de joueurs.

CHAPITRE 4
Cocorico[18]

LE RUGBY ARRIVE en France à la fin du XIXe siècle en provenance d'Angleterre. Ce sont les étudiants et expatriés anglais qui le font débarquer dans le port du Havre. Le Havre Athletic Club (HAC), l'un des premiers clubs sportifs en France, se met à pratiquer un sport entre le football et le rugby. Mais le HAC attendra vingt ans avant de créer sa section de « vrai » rugby. En 1877, des Britanniques créent le premier club de rugby en France : l'English Taylor Rugby Football Club à Paris. Les jeunes gens de la haute société s'intéressent à ce sport et deux clubs renommés de la capitale, le Racing Club de France et le Stade Français, créent leurs sections rugby en 1882 et 1883. En 1892, Pierre de Coubertin lance le premier Championnat de France. Celui-ci consiste alors à un seul match entre le Racing Club de France et le Stade Français. Les étudiants des grandes villes du sud, Bordeaux et Toulouse en tête, se mettent à jouer, encouragés par leurs camarades anglais. Petit à petit, les campagnes et les villes moyennes s'enthousiasment pour ce sport de l'élite anglaise. Le sud-ouest de la France en tombe même amoureux et l'adopte. Le rugby est aujourd'hui un élément essentiel du terroir[19] de cette région.

Organisation.
La Fédération française de Rugby (FFR) existe depuis 1919. Elle organise et développe le rugby à XV, X, 7 et 5 pour les amateurs et les professionnels. Elle s'occupe de plus de

---
18. Cocorico : le cri du coq, l'emblème de l'équipe de France de rugby.
19. Le terroir : les traditions et particularités d'une région.

1900 clubs répartis dans 13 ligues régionales en Métropole et en Outre-mer. Elle distribue notamment les licences qui permettent aux clubs de disputer les compétitions. La FFR a établi les 15 principes du jeu dans une charte[20]. Les acteurs du rugby français s'engagent à : respecter les règles du jeu et l'arbitre, adopter un comportement exemplaire ; préserver la santé de tous ; utiliser le rugby dans l'éducation ; gagner, mais pas à n'importe quel prix ; permettre à tous de pratiquer le rugby ; encourager la pratique féminine ; associer les spectateurs aux valeurs du rugby, garantir l'équité[21] des compétitions ; contribuer au développement durable. De son côté, la Ligue nationale de Rugby (LNR) s'occupe du rugby professionnel et organise notamment le Championnat de France.

La conquête du bouclier.
La première édition du Championnat de France a lieu en 1892 et se limite à un seul match entre le Racing Club de France et le Stade Français. D'autres clubs de la région parisienne y participent les années suivantes. En 1899, le Championnat s'ouvre aux clubs du sud-ouest, notamment Toulouse, Bordeaux ou encore Perpignan et Bayonne. C'est parti pour une longue domination des clubs de cette région. Perturbé à ses débuts par des problèmes de violence sur le terrain et dans les tribunes, ainsi que par un faux amateurisme, le Championnat de France est devenu aujourd'hui une référence mondiale. Chaque année, le vainqueur remporte le bouclier de Brennus, un trophée conçu par Pierre de Coubertin et créé par l'artiste Charles Brennus. C'est un bouclier en cuivre collé sur une planche

---

20. Une charte : une liste de règles d'une organisation.
21. L'équité : le caractère de ce qui est juste.

de bois, sur lequel on grave le nom du vainqueur. Depuis 1998, la Ligue nationale de Rugby organise la compétition qui a pris le nom de Top 14 en 2005. Elle regroupe les 14 meilleurs clubs professionnels. Une première phase oppose toutes les équipes et la phase finale se joue entre les six meilleures équipes. Les deux meilleures de la première phase se qualifient directement pour les demies finales. Les quatre équipes suivantes se disputent les deux dernières places lors de deux matchs de barrage*. Le vainqueur de la finale est le champion de France. Les seize autres équipes professionnelles françaises jouent dans un autre championnat, appelé la Pro D2. Chaque année, le dernier du Top 14 est remplacé directement par le premier de la Pro D2. Le deuxième de Pro D2 joue un match de barrage contre l'avant-dernier du Top 14. Deux divisions font la passerelle entre le monde amateur et le monde professionnel : la Nationale et la Nationale 2, dont les clubs espèrent rejoindre la Pro D2.

Les grands.
Le Stade toulousain, fondé en 1907, est le club français le plus titré : il a gagné le plus de championnats de France (22 titres) et de coupe d'Europe (6 titres[22]). Vingt-sept clubs ont été champions de France depuis 1892, dont 16 clubs du Sud-Ouest. Agen, Stade français, Racing Métro 92, Béziers, Biarritz, Castres, Lourdes, Clermont-Ferrand, La Rochelle font partie des grands noms du rugby français.

Les femmes.
Le championnat féminin existe depuis 1971. Aujourd'hui, les 12 meilleurs clubs disputent le championnat Élite 1. Il

---

22. Un titre : la victoire finale dans une compétition.

est organisé en deux poules[23] de 6 équipes avec une phase de qualification et une phase finale. Onze équipes jouent en deuxième division (Élite 2). Toulouse Fémina Sports est le club le plus titré (9 titres) devant le Montpellier RC (8 titres).

Les amateurs.
Les clubs amateurs ont aussi leurs championnats organisés par la FFR : ce sont les divisions fédérales (3 niveaux) et les régionales (3 niveaux par région). Il y a environ 320 000 licenciés en France – le rugby est à la dixième place des sports en France, derrière notamment le football, le tennis, l'équitation et le basket. L'Occitanie (70 000 licenciés) et la Nouvelle-Aquitaine (60 000 licenciés) sont les régions où l'on y joue le plus.

Les infos.
L'Équipe est le grand quotidien sportif français. Chaque jour, ses articles donnent les résultats et analysent le monde du sport, dont le rugby. Mais il existe aussi un journal bihebdomadaire (il parait deux fois par semaine) qui est LE spécialiste du rugby : le Midi OIympique. Créé en 1929, on l'appelle aussi Le Jaune en raison de la couleur de son papier. Les Oscars Midi Olympique récompensent chaque année les 3 meilleurs joueurs, le meilleur entraineur et la meilleure joueuse du championnat de France de rugby à XV.

Les bleus.
Après quelques matchs non officiels, l'histoire de l'équipe de France commence véritablement contre les Anglais le 22 mars 1906. Le premier crunch* de l'histoire est une

---

23. Une poule : en sport, un groupe de plusieurs équipes.

défaite (8 à 35). Quatre ans plus tard, les Britanniques acceptent les Français dans leur Tournoi. Mais les débuts sont difficiles : les Français ne gagnent qu'un seul de leurs vingt-huit premiers matchs. Ils battent enfin les Anglais après 15 défaites en 1927. Après la Seconde Guerre mondiale, l'équipe de France gagne ses galons de grande équipe[24] : elle bat l'Australie et les Gallois en 1948, les Anglais en 1951, la Nouvelle-Zélande en 1954, l'Afrique du Sud en 1958… Depuis, elle fait partie des meilleures nations mondiales. Son palmarès compte vingt-cinq Tournois des six nations, dont dix Grand Chelem sur quatre-vingt-onze participations, et trois finales de la Coupe du monde (1987, 1999, 2011).

2007 et 2023.
La France est le pays hôte de la coupe du monde en 2007 et 2023. En 2007, les bleus s'inclinent en demi-finale contre les Anglais. En 2023, ils sont parmi les favoris avec les Irlandais et les nations du Sud. L'équipe est dirigée depuis trois ans par le même sélectionneur Fabien Galthié. Elle pratique un jeu agréable et performant et ses joueurs sont parmi les meilleurs du monde. Son capitaine, Antoine Dupont, a été élu meilleur joueur du monde en 2021. Les bleus commencent très bien la compétition par une victoire face aux redoutables Néo-Zélandais lors du match d'ouverture au Stade de France à Saint-Denis. Malheureusement, ils perdent en quart de finale contre l'Afrique du Sud, futur vainqueur, d'un seul petit point (28-29). La désillusion est grande et la défaite est difficile à accepter par toute l'ovalie française. La compétition est

---

24. Gagner ses galons de grande équipe : être reconnu comme une grande équipe.

La déception de l'entraîneur et du capitaine de l'équipe de France, Fabien Galthié et Antoine Dupont, après la défaite en quart de finale de la Coupe du monde de rugby France entre la France et l'Afrique du Sud au Stade de France le 15 octobre 2023 à Paris, en France.

malgré cela un grand succès populaire : les stades sont pleins et l'ambiance est festive.

Maillots bleu ou blanc ?

Traditionnellement, la France joue en maillot bleu, short blanc et chaussette rouge. Depuis 1912, un coq est brodé sur son maillot. Il est tout d'abord doré avant de devenir rouge à partir de 2019. Le coq représente la fierté, le courage et la bravoure. Il rappelle les origines gauloises de la France car le mot « gallus » signifie coq en gaulois et en latin. Lorsque la France joue dans des pays qui portent aussi un maillot bleu, les joueurs français enfilent un maillot blanc.

Marcoussis.
Le Centre national de Rugby (CNR) est à la fois le siège[25] de la FFR et le centre d'entrainement des équipes de France. Il est situé à Marcoussis, en Île-de-France, à une heure au sud de Paris. Les joueurs et le staff préparent toutes les grandes compétitions dans ce lieu de plus de vingt hectares avec quatre terrains de rugby et tous les équipements nécessaires à la pratique d'un sport de haut niveau.

Les stars.
La liste des joueurs qui ont marqué le rugby français est longue. Serge Blanco (joueur entre 1975 et 1995) est surnommé le Pelé[26] du rugby grâce à son talent sur le terrain. Il a joué dans un seul club, le Biarritz Olympique, et a gagné 6 fois le Tournoi des Six Nations. Arrière, il a marqué trente-huit essais avec les bleus dont le plus célèbre est celui contre l'Australie, en demi-finale de la Coupe du monde 1987. Jean-Pierre Rives, surnommé Casque d'Or à cause de ses longs cheveux blonds, est l'un des plus célèbres capitaines du XV de France. Il compte cinquante-quatre sélections entre 1975 et 1984. Victorieux de deux grands chelems en 1977 et 1981, il est devenu sculpteur après sa retraite sportive. Sébastien Chabal a longtemps été le « chouchou[27] » du public. Ses longs cheveux et sa barbe épaisse lui valent des surnoms comme « l'homme des cavernes » ou « Attila ». Sportif très populaire lors de sa carrière avec les bleus (entre 2000 et 2011), il

---

25. Le siège : le lieu principal d'une organisation.
26. Pelé : joueur de football Brésilien (1940-2022), considéré comme le meilleur joueur du monde.
27. Le chouchou : le joueur préféré (langage familier).

provoque les hurlements du public lors de ses chocs avec ses adversaires. Michalak, Benazzi, Villepreux, Dominici sont d'autres célèbres bleus. Aujourd'hui, Antoine Dupont, Romain Ntamack, Grégory Aldritt, Posolo Tuilagi, Damian Penaud, … portent les espoirs des supporters français.

D'autres bleus et bleues.
Les joueurs de l'équipe de France masculine des moins de 20 ans (U20), surnommés les Bleuets, ont réussi une chose que leurs aînés n'ont pas encore faite : gagner une coupe du monde ! Cette équipe a même remporté trois titres en 2018, 2019 et 2023. Ces exploits expliquent que certains de ses joueurs jouent aujourd'hui avec le XV de France. Les Barbarians sont une tradition de tous les pays jouant au rugby. Ce sont des clubs qui invitent des joueurs pour des rencontres particulières, sans autre enjeu que le beau jeu et le prestige. Les Barbarians français existent depuis 1977 et jouent au rugby à XV et à 7. Les joueurs jouent tous avec le même maillot, mais ils gardent les chaussettes de leur club. Le XV de France féminin fait partie des trois meilleures équipes au monde. Depuis son premier match officiel en 1982, l'équipe a remporté six Tournois des Six Nations, dont cinq Grands Chelems.

CHAPITRE 5
Dans le monde

CENT-TRENTE-DEUX PAYS sont membres de l'organisation World Rugby, basée à Dublin en Irlande. L'organisation estime que huit millions de personnes jouent au rugby à travers le monde et que ce sport compte 500 millions de supporters. Chaque semaine, World rugby édite un classement des équipes nationales masculines (depuis 2003) et féminines (depuis 2016). Chez les hommes la Nouvelle-Zélande, l'Angleterre, le Pays de Galles, l'Irlande et la France ont été au moins une fois à la première place. Chez les femmes, la Nouvelle-Zélande et l'Angleterre se disputent la première place.

La rose.
L'Angleterre est le pays de naissance du rugby. Pendant de longues années, les Anglais ont inventé les règles, organisé les compétitions et pesé de tout leur poids sur les décisions, notamment celle de garder le caractère amateur du rugby. Leur poids au sein du World rugby est aujourd'hui encore très important. Sur le terrain, l'Angleterre est une des meilleures équipes au monde. Leur symbole est une rose, en référence à la guerre des Deux-Roses, guerre civile du XVe siècle. Les Anglais ont gagné trente-neuf fois le Tournoi des Six Nations, dont treize Grands Chelems*, ils ont participé trois fois à la finale de la Coupe du monde et l'ont gagnée en 2003. Jonny Wilkinson, demi d'ouverture et botteur, est l'un des plus fameux joueurs anglais de l'histoire.

Le chardon.
Le symbole de l'équipe nationale d'Écosse est le chardon. Cela vient d'une légende qui raconte qu'un Viking a réveillé des soldats écossais en marchant sur un chardon et leur permettant ainsi de gagner une bataille. Gavin Hasting (61 sélections dans les années 1990) est une légende dans son pays.

Le poireau.
Le Pays de Galles a dominé le rugby dans les années 1970. Gareth Edwards, demi de mêlée, a sa statue à Cardiff et est considéré comme l'un des meilleurs joueurs de tous les temps. Le poireau est le symbole gallois depuis que le protecteur du pays, saint David, a conseillé aux soldats gallois de le porter pour les distinguer de leurs ennemis.

Le trèfle.
L'Irlande rassemble des joueurs de la République d'Irlande et de l'Irlande du Nord. Elle est aujourd'hui la meilleure équipe d'Europe et la deuxième au classement mondial, mais elle n'a jamais atteint les demi-finales d'une coupe du monde. Le trèfle a trois feuilles est le symbole du pays et de son rugby. Saint Patrick l'utilisait pour parler de la Sainte Trinité lors de l'évangélisation du pays. Jonathan Sexton, qui a arrêté sa carrière après la Coupe du monde de 2023, est le meilleur réalisateur de l'histoire de son pays avec 1090 points inscrits entre 2006 et 2023, lors de 118 sélections.

Le laurier.
En 2000, l'Italie crée un exploit en battant l'Écosse pour son premier match dans le Tournoi des Six nations. Depuis, elle a du mal à gagner plus de deux victoires par Tournoi.

Maillot de la France

Maillot du Pays de Galles

Maillot de l'Angleterre

Maillot de l'Irlande

La couronne de laurier, symbole de la Rome antique, est sur les maillots de ses joueurs. Sergio Parisse et ses 142 sélections est l'une des stars du rugby italien. D'autres pays européens comme la Géorgie, la Roumanie, l'Espagne et le Portugal s'affrontent lors de compétitions destinées aux équipes absentes du Tournoi des Six Nations.

Le Sud.
L'Afrique du Sud, la Nouvelle-Zélande et l'Australie font partie de World Rugby (IRFB à l'époque) depuis la fin des années 1940, soit près de trente ans avant la France. Ces trois nations ont toujours été des pionnières dans l'évolution du jeu et du professionnalisme. Le rugby est très présent dans les îles du Pacifique et les équipes de Samoa, Fidji, et Tonga enchantent les amateurs par un jeu offensif et rapide.

Maillot de l'Italie

Maillot de l'Argentine

Fanion du match France – Australie

La fougère.

La Nouvelle-Zélande est la légende du rugby mondiale grâce à son jeu inventif, rapide et performant. Trois fois championne du monde en 1987, 2011 et 2015, elle joue dans une tenue toute noire avec une fougère argentée, une plante très présente dans le pays. Avant chaque coup d'envoi, les joueurs font le haka. Il s'agit d'une danse guerrière des Maoris, un peuple du Pacifique, qui doit impressionner l'adversaire. Jonah Lomu (1975-2015) est peut-être le plus grand joueur de tous les temps : lourd comme un pilier (119 kilos), grand comme un deuxième ligne (1,96m), rapide comme un trois quart (il court le 100 mètres en 10 secondes), il a été la première star du rugby professionnel.

L'antilope.
L'Afrique du Sud a longtemps été isolée à cause de l'apartheid entre 1948 et 1991. En 1995, le capitaine de son équipe, François Pienaar, reçoit la coupe du monde des mains de Nelson Mandela, le président de la République. Les Springboks, du nom afrikaan de l'antilope, sont les seuls à avoir gagné quatre fois le trophée (1995, 2007, 2019, 2023).

Le kangourou.
L'équipe d'Australie, deux fois championne du monde, fait chez elle face à la concurrence du rugby à XIII et du football australien, les deux sports australiens les plus populaires. Son emblème est le wallaby, un petit kangourou très répandu dans le pays. L'un de ses joueurs les plus célèbres, David Campese, a porté 101 fois le maillot entre 1982 et 1996.

Le jaguar.
Depuis 2013, l'Argentine joue avec les nations du sud dans le Tri-Nations, devenu le Rugby Championship. Trois fois demi-finaliste de la Coupe du monde en 2007, 2015 et 2023, les Argentins portent un jaguar sur leur maillot. On les appelle pourtant les Pumas, sans doute à cause de l'erreur d'un journaliste sud-africain lors d'un match en 1965 qui a confondu les deux animaux !

Les uns contre les autres.
À côté des championnats nationaux, les clubs et équipes nationales se rencontrent lors de compétitions annuelles. Le Tournoi des Six Nations est la compétition la plus populaire en Europe. D'abord à quatre équipes britanniques en 1883, puis à cinq avec l'arrivée de la France en 1910, il se joue

aujourd'hui à six avec l'Italie depuis 2000 : Angleterre, Irlande, Écosse, Pays de Galle, Italie, France. Chaque équipe rencontre les cinq autres. Une victoire apporte quatre points, un match nul deux points. Une équipe peut gagner un point de plus si elle marque au moins quatre essais (c'est le bonus offensif) ou si elle perd avec un écart de moins de sept points (c'est le bonus défensif). Le Tournoi définit chaque année la hiérarchie européenne des équipes nationales. Les femmes et les joueurs de moins de vingt ans ont leur propre Tournoi des Six Nations. Le Rugby Championship est l'équivalent du Tournoi dans l'hémisphère sud. Il existe depuis 1996 et voit s'affronter chaque année depuis 2012 l'Australie, la Nouvelle-Zélande, l'Afrique du Sud et l'Argentine. Depuis 1995, les meilleures équipes des championnats européens se rencontrent dans deux compétitions : l'European Rugby Champions cup et l'European Rugby Challenge Cup. Vingt-quatre équipes s'affrontent dans la première. Ce sont les huit premiers des championnats anglais et français, trois provinces irlandaises, une province galloise et une province écossaise. Trois provinces sud-africaines participent depuis 2023 à la compétition. La Challenge Cup voit s'affronter vingt équipes dont deux provinces sud-africaines. Les équipes sont réparties dans des poules et les meilleures d'entre elles s'affrontent ensuite en quart, demi et finale. L'hémisphère sud organise quant à lui son championnat des clubs, le Super Rugby. Il oppose des franchises, c'est-à-dire des clubs qui achètent le droit à participer à cette compétition. Les franchises viennent majoritairement de Nouvelle-Zélande et d'Australie. La formule évolue chaque année en fonction du nombre de franchises et de leur pays d'origine.

Tout le monde.
Les équipes nationales des deux hémisphères aiment voyager pour défier leurs adversaires du bout du monde lors de tournées*. Les équipes européennes vont ainsi dans l'hémisphère sud au début de l'été. Les équipes du sud viennent jouer en Europe durant l'automne. Ces tests matchs* étaient la seule façon de comparer le niveau des équipes avant l'arrivée de la Coupe du monde en 1987. Les dirigeants du rugby international, la plupart britanniques, ont longtemps refusé l'idée d'une coupe du monde. Ils préféraient organiser des tournées ou des tests matchs. Finalement en 1985, l'IRB accepte l'idée. La première édition est organisée en Nouvelle-Zélande et en Australie en 1987. La coupe du monde se déroule tous les quatre ans. C'est le World Rugby qui choisit le pays organisateur sur candidature. Le vainqueur reçoit le Trophée Webb Ellis, en hommage à l'inventeur supposé du rugby.

Allez les bleus ou … les verts !
La musique et les chants des supporters font partie des traditions du rugby de tous les pays. Dans le sud-ouest de la France, les bandas, fanfares qui animent les fêtes de village, mettent l'ambiance dans les stades. Elles sont composées de cinq à vingt musiciens et de leurs instruments à vent et à percussions. Les chants sont nombreux et variés. Certains sont très simples, comme « Qui ne saute pas n'est pas Français (ou tout autre nom de ville) ». D'autres sont plus élaborés. L'un des plus connus est le chant la Pena Baiona de l'Aviron bayonnais, club de rugby de la ville de Bayonne. On l'entend aujourd'hui dans tous les stades et il était incontournable dans les stades

de la Coupe du monde 2023 en France. Cette chanson est basée sur l'air de Griechischer Wein (Le vin grec), créée en 1972 par Udo Jürgens, un chanteur autrichien. À partir de 1992, les nombreuses fêtes du Sud-Ouest l'adoptent. C'est en 2005 que l'Aviron Bayonnais adapte les paroles et en fait son hymne. D'autres chansons très éloignées du monde du sport connaissent le même destin. C'est le cas de « Dans les yeux d'Émilie » du chanteur français Joe Dassin (1938-1980). Son tube sorti en 1977 est repris à partir des années 2010 lors d'évènements sportifs. Puis, il devient lui aussi un hit de la Coupe du monde 2023. Les matchs des équipes nationales commencent toujours par les hymnes nationaux des deux équipes. La Marseillaise est ainsi jouée avant chaque rencontre de l'équipe de France et reprise en chœur par les spectateurs. En Écosse, depuis 1990, ce n'est pas « God Save the King » qui est joué, mais « Flower of Scotland », qui raconte la victoire écossaise lors de la bataille de Bannockburn en 1314 ! Les supporters britanniques sont réputés pour leurs chants d'encouragement pour leurs équipes. L'hymne des supporters anglais est « Swing Low, Sweet Chariot » un chant gospel du 19e siècle, écrite pas Wallis Willis, un esclave indien vivant aux USA. On raconte que les spectateurs du stade de Twickenham l'ont chanté pour la première fois en mars 1988 en l'honneur de Chris Oti. Ce joueur a marqué trois essais ce jour-là et était le premier ailier noir à jouer dans ce stade depuis 80 ans.

Des temples du rugby.
Les joueurs de rugby parlent souvent des supporters et de l'ambiance dans les stades comme le 16e homme de l'équipe. Le soutien du public est essentiel pour la victoire. Et c'est encore plus vrai quand l'équipe joue à

domicile[28]. L'équipe d'Angleterre joue traditionnellement ses matchs dans le stade de Twickenham, à Londres, le plus grand stade de rugby du monde. Inauguré en 1909, il peut contenir 82 000 spectateurs. On y trouve également le World rugby Museum, le Musée mondial du rugby. En 2023, l'Angleterre y a subi la plus grande défaite de son histoire : 13 à 50 contre l'équipe de France. Les Écossais reçoivent leurs adversaires dans le stade de Murrayfield (67 000 places), à Édimbourg. Avant chaque match, une cornemuse joue les premières notes de l'hymne Flower of Scotland, suivie a capella par tous les supporters écossais. En plein cœur de Cardiff, le toit du Principality Stadium, peut se fermer pour abriter les 74 000 spectateurs, les joueurs gallois et leurs adversaires. L'Eden Park à Auckland, est le stade mythique des légendaires All Blacks depuis 1900. Construit au pied de l'ancien volcan Eden, les Néo-Zélandais y ont gagné deux finales de Coupe du monde. Leur dernière défaite dans leur stade date de 1994 contre la France.

---

28. Jouer à domicile : jouer dans son stade, s'oppose à jouer à l'extérieur.

CHAPITRE 6
Clins d'œil

Le premier.
William Webb Ellis est né en 1806. Il s'est installé dans le sud de la France, à Menton, à la fin des années 1860. Il y est mort en 1872. On trouve sur sa tombe la même plaque que dans son collège de Rugby : « William Webb Ellis, avec un parfait mépris pour les règles du football tel que joué à son époque, a le premier pris le ballon dans les bras et couru avec, créant ainsi le caractère distinctif du rugby. ». En 2007, les capitaines des vingt équipes participant à la Coupe du Monde en France, ont signé cette plaque. Il parait que le sport favori de William Webb Ellis était le cricket.

Ovale.
En 1823, les ballons de football sont des vessies de porc remplie d'air, recouverte de cuir et de forme ronde. On raconte que William Webb Ellis a serré très fort le ballon dans ses bras et qu'il est devenu ovale... Ou bien est-ce William Gilbert, le cordonnier de Rugby, qui a l'idée de changer la forme en 1835 pour mieux le tenir dans les mains ? En tous les cas, aujourd'hui encore Gilbert est la marque la plus célèbre de ballons de rugby.

JO.
Les joueurs français sont les premiers champions olympiques de rugby. Ils ont gagné ce titre en 1900, aux Jeux olympiques de Paris, grâce à leurs victoires sur les deux autres participants, l'équipe de Moseley (Angleterre) et de Francfort (Allemagne).

Tout Noir.
Lors de la tournée des Néo-Zélandais en Europe en 1905, un journaliste écrit « They are all backs » (« Ils sont tous des arrières »), car les avants couraient aussi vite que les arrières. Une erreur de frappe dans le journal (« They are all blacks ») a donné naissance à leur célèbre surnom « les All Blacks ».

D'un œil.
Le 1er janvier 1920, la rencontre entre la France et l'Écosse marque la reprise du Tournoi des V Nations et le retour de la France dans la compétition après son exclusion pour violence. Ce match gagné par les Écossais reste dans l'histoire du rugby comme « le match des borgnes ». Cinq joueurs ont en effet perdu un œil lors des combats de la Première Guerre mondiale.

Au revoir.
La finale des Jeux olympiques de 1924 (États-Unis 17 – France 3) est le dernier match de rugby à XV des JO. L'attitude des supporters français qui ont hué les joueurs américains et des bagarres dans les tribunes est-elle à l'origine de l'exclusion du rugby aux JO ? En tous les cas, le rugby revient aux JO à partir de 2016, mais sous la forme du rugby à 7.

Idéal.
En 1928, dans Le Sport, l'écrivain Jean Giraudoux (1882-1944) écrit : « L'équipe de rugby prévoit, sur quinze joueurs, huit joueurs forts et actifs, deux légers et rusés, quatre grands et rapides, et un dernier, modèle de flegme et de sang-froid. C'est la proportion idéale entre les hommes. »

Zéro.
Pas d'essai, pas de pénalité, pas de drop… rien ! Le 18 février 1961, au stade Yves du Manoir à Paris, les bleus affrontent les Sud-Africains. Les Springboks ont gagné tous les matchs de leur tournée et rencontrent la France pour son dernier match. C'est un très beau match entre deux très belles équipes qui pratiquent un très beau rugby. Mais le match se termine sur le score de 0 à 0 !

Record.
Le demi d'ouverture anglais Jonny Wilkinson est le meilleur marqueur de points de toute l'histoire de la Coupe du monde de Rugby avec 277 points. Le All Black Jonah Lomu et le Sud-africain Bryan Habana sont les meilleurs marqueurs d'essais avec 15 essais chacun.

Incroyable.
Simon Culhane détient le record du plus grand nombre de points marqués par un joueur dans un match. Il a marqué 45 points lors de la victoire 145 à 17 de la Nouvelle-Zélande sur le Japon à la Coupe du monde de 1995. 145 est aussi le plus grand nombre de points marqués dans un seul match.

Les meilleures.
L'équipe féminine de Nouvelle-Zélande est l'équipe la plus titrée au monde. Elle a gagné six titres de championne du monde, dont quatre d'affilée entre 1998 et 2010. L'Angleterre (deux victoires) et les États-Unis (une victoire) sont les seules autres équipes championnes du monde. L'équipe de France s'est qualifiée à huit reprises pour les demi-finales, mais sans jamais atteindre la finale pour l'instant.

Impressionant.
Le haka est pratiqué sous de nombreuses formes différentes en Nouvelle-Zélande. Chaque village, chaque équipe, chaque club, chaque école… possède sa propre danse qui ouvre les cérémonies officielles. Tous les deux ans, en février, 70 000 spectateurs assistent au concours de haka, à l'occasion du festival Te Matatini. Face au haka des All Blacks, l'équipe adverse essaye de ne pas être impressionnée. En 2007, en quart de finale de la Coupe du monde, les Français défient leurs adversaires lors du haka en s'approchant à quelques centimètres des Néo-Zélandais. En 2011, en finale, ils forment le V de la victoire en réponse à la danse de leurs adversaires. Les équipes des Fidji, Samoa ou encore Tonga réalisent elles aussi leur « danse de guerre ».

En famille.
Le 13 juin 1982, Pays-Bas contre France est le premier match international du rugby féminin français. Ce jour-là, trois paires de sœurs jouent dans l'équipe de France.

Réconciliation.
Le 24 juin 1995, un an après l'élection de Nelson Mandela à la présidence de la République, l'Afrique du Sud bat la Nouvelle-Zélande en finale de la Coupe du monde. Pour beaucoup, c'est le symbole de la réconciliation des communautés noire et blanche du pays. Nelson Mandela porte le maillot de l'équipe nationale, symbole de la communauté blanche pendant des années. Le stade chante le nouvel hymne du pays, chant de résistance des noirs. On raconte qu'au moment de la remise du trophée, François Pienaar, le capitaine des Springboks et Mandela se remercient chacun pour « ce qu'il a fait pour le pays ».

L'équipe féminine de Nouvelle-Zélande, les Black Ferns, exécutent le Haka le 25 mai 2024, avant un match contre l'Australie.

Le film Invictus (2009) raconte cette victoire. Le scénario fait dire à François Pienaar : « Le football est un sport de gentlemen pratiqué par des voyous et le rugby et un sport de voyou pratiqué par des gentlemen. »

Cuillère.
L'équipe qui ne gagne aucun de ses matchs lors du Tournoi des Six Nations reçoit la Cuillère de bois. La tradition vient de l'université de Cambridge où le dernier à l'examen de mathématiques recevait ce « trophée ». La France l'a reçue huit fois dont la dernière en 1957.

Le capitaine sud-africain Francois Pienaar reçoit la coupe William Webb Ellis des mains du président sud-africain, Nelson Mandela, après la finale de la Coupe du monde de rugby entre l'Afrique du Sud et la Nouvelle-Zélande qui s'est déroulée le 24 juin 1995 à l'Ellis Park de Johannesburg, en Afrique du Sud. L'Afrique du Sud a remporté le match 15-12.

Essai.
Lorsqu'un joueur aplatit le ballon dans l'en-but adverse, il marque un essai (« try » en anglais) qui apporte 5 points à son équipe. Mais, jusqu'en 1886, l'essai rapportait zéro point. Il donnait simplement le droit d'essayer (du verbe « to try » en anglais) de transformer cet essai en tapant la balle avec le pied entre les poteaux.

Longue distance.
En 2013, l'Anglais Tom Varndell a réalisé le plus long drop d'un match professionnel. Il a tapé le ballon à 70 mètres des poteaux adverses.

100.
Le 18 mars 2017, la France et le Pays de Galles ont joué le match le plus long de l'histoire du rugby. Il a duré presque cent minutes, soit vingt minutes de plus que le temps réglementaire. À la 79ᵉ minute, les Gallois mènent 18-13 quand l'arbitre siffle une pénalité pour les Français à cinq mètres de l'en-but gallois. Neuf mêlées sont jouées et les Français marquent un essai transformé alors que le chronomètre indique 99 minutes et 55 secondes.

Féminin.
Le 25 novembre 2017, l'Irlandaise Joy Neville est la première femme à arbitrer un match de rugby à XV masculin. En 2023, elle devient la première femme en charge de l'arbitrage vidéo lors de cinq rencontres de la Coupe du monde. La même année, un match de la coupe d'Europe masculine est arbitré uniquement par des femmes.

Chiffres.

Le 15 octobre 2023, 16,5 millions de passionnés regardent le match de quart de finale de la coupe du monde, France-Afrique du Sud. On estime que 600 000 touristes étrangers sont venus en France pour voir cette compétition. 2,5 millions de billets ont été vendus et les retombées économiques pour le pays s'élèvent à 2 milliards d'euros.

CHAPITRE 7
On le dit sur les terrains

Petits bobos.
Lorsqu'un joueur se blesse, les soigneurs de son équipe entrent en vitesse sur le terrain pour le soigner. Petit bobo ou fracture, le premier médicament miracle est une ... éponge. « Un coup d'éponge magique » pleine d'eau froide sur la blessure et ... ça repart (presque toujours) ! Aujourd'hui, l'éponge est souvent remplacée par des sprays de froid, plus modernes et aussi efficaces.

Pas joli.
Au rugby, on a le droit de plaquer son adversaire mais en respectant les règles : on ne l'attrape pas au-dessus des épaules et on le tient fermement. Le joueur qui « fait une cravate » ou « met une manchette » peut recevoir un carton rouge. Il s'agit d'un plaquage trop haut, réalisé avec le bras tendu au niveau de la gorge ou de la tête.

Dans l'œil.
« Il lui a mis une belle fourchette », ne veut pas dire que les deux adversaires ont tous les deux bons appétits. La fourchette consiste à enfoncer ses deux doigts dans les yeux d'un autre joueur. Bien sûr ce geste d'antijeu est interdit et sévèrement puni.

Haut dans le ciel.
« Faire une chandelle » ou « taper une chandelle » consiste à envoyer le ballon très haut avec le pied devant soi, puis laisser le temps à ses coéquipiers de courir en avant et

d'essayer de rattraper le ballon avant l'adversaire. On peut ainsi gagner du terrain ou se sortir d'une situation difficile dans son camp.

Très loin.
« Le coup de pied de mammouth » désigne un ballon tapé avec le pied et qui parcourt une très longue distance. Il est utile dans le cas de pénalités éloignées des poteaux ou pour renvoyer les adversaires dans leur camp.

Espoir.
Lors d'un match, une équipe qui joue mal et qui est menée au score ne doit jamais perdre l'espoir. Le rugby réserve de belles surprises et cette équipe peut revenir au score et, même, dépasser son adversaire. Les journalistes sportifs disent alors que « les mouches ont changé d'ânes ».

Plus d'espoir.
On dit souvent que rien n'est perdu avant le coup de sifflet final, c'est-à-dire la fin du match. Mais parfois, l'écart de points est trop important et une équipe est en grande difficulté. « Le cochon est dans la maïs » font remarquer les commentateurs. Et quand il n'y a plus d'espoir, alors ils concluent « la cabane est tombée sur le chien ».

Bagarre.
Les joueurs de rugby sont très surveillés par l'arbitre. Ils évitent de donner des coups qui peuvent leur rapporter un carton jaune ou rouge. Mais parfois, après un mauvais geste, plusieurs joueurs « ouvrent la boîte à gifles » et s'échangent des coups (appelés aussi marrons)

Stop.
Plusieurs expressions décrivent un plaquage spectaculaire qui arrête la progression d'un adversaire : « mettre un caramel ou un tampon », « faire un arrêt-buffet » et « découper l'adversaire » sont les plus utilisées.

Dangereux.
Attraper son adversaire, le soulever, mettre sa tête en bas et ses pieds en haut et le jeter au sol, est peut-être une figure impressionnante mais c'est interdit. Le « plaquage cathédrale » est dangereux et heureusement interdit depuis 2010.

Dernier moment.
Lorsqu'un joueur court trop vite et ne peut plus être plaqué, seul un ustensile de cuisine peut l'arrêter. « Faire une cuillère » consiste à accrocher son pied avec sa main pour lui faire perdre l'équilibre et le faire tomber.

Pizza.
Même pour un joueur italien, « lancer comme un pizzaiolo » n'est pas un compliment. Cela signifie en effet que le lanceur a très mal lancé le ballon lors d'une touche. Ses coéquipiers aussi peuvent « faire des saucissons », c'est-à-dire des mauvaises passes.

Ruse.
Classiquement, après avoir mis la balle sous la mêlée, le demi de mêlée se saisit du ballon et lance le jeu. Mais parfois, il garde le ballon et « il se fait la valise », c'est-à-dire qu'il garde le ballon et court droit devant lui, le long de la mêlée.

Plus haut.
En touche, ou lors d'une remise en jeu, un joueur « fait un ascenseur » lorsqu'il soulève un de ses coéquipiers. C'est alors plus facile pour celui-ci d'attraper le ballon en l'air.

Puni.
Après une faute ou un geste d'antijeu, un joueur peut recevoir « une biscotte » de l'arbitre, autre nom amusant d'un carton jaune ou rouge. S'il est jaune, le joueur va passer dix minutes « au frigo ».

Propre.
Il n'est pas toujours facile pour un demi de mêlée d'attraper le ballon lors d'un regroupement au sol. Heureusement il peut compter sur ses coéquipiers qui « font le ménage » et enlèvent les adversaires qui traînent. Après, la situation est plus propre.

Vocabulaire

Botter : taper la balle avec le pied.

Capitaine : ce joueur est un peu le chef de l'équipe et le représentant des autres joueurs.

Combinaison : l'ensemble des passes réalisées à la suite les unes des autres entre plusieurs joueurs de la même équipe.

Coup d'envoi : le fait de taper dans le ballon avec le pied pour faire commencer un match.

Crunch (« instant crucial » en anglais) : le surnom des rencontres entre la France et l'Angleterre.

Déblayer : pousser les joueurs adverses hors d'un regroupement de joueurs.

Faire écrouler le maul : faire tomber au sol les joueurs qui forment un maul, c'est-à-dire un regroupement de plusieurs joueurs.

Faute : l'action qui ne respecte par une règle.

Fédération : le regroupement de clubs qui pratiquent le même sport.

Grand Chelem : le fait pour une équipe de gagner ses cinq matchs lors d'un Tournoi des Six Nations.

Introduction du ballon : l'action de lancer le ballon sous la mêlée.

Les bleus : les joueurs de l'équipe de France.

Licencié : la personne qui est membre d'un club sportif.

Match de barrage : le match qui sert à départager deux équipes qui ont le même nombre de points à la fin d'une compétition.

Ovalie : tout ce qui a un rapport avec le monde du rugby. Ce nom s'inspire de la forme ovale du ballon.

Pack : l'ensemble des joueurs appelés « les avants ».

Plaquage : l'action de faire tomber un joueur au sol.

Prendre sa revanche : gagner un match après avoir perdu le précédent contre la même équipe.

Règle : la description de ce qui est permis ou interdit.

Rester sur ses appuis : rester droit sur ses jambes et ne pas mettre le genou au sol.

S'incliner : perdre une rencontre sportive.

Talonner : pousser le ballon avec le talon du pied.

Test match : la rencontre entre deux équipes en dehors d'une compétition officielle.

Titulaire : le joueur qui commence habituellement un match, à la différence du remplaçant.

Tournée : la série de matchs que dispute une équipe de façon rapprochée et souvent loin de son pays.

Questions pour comprendre

Chapitre 1
Vrai ou Faux ?
1. William Webb Ellis a inventé le rugby lors de ces études en France.   V   F
2. Rugby est le nom d'une ville en Angleterre.   V   F
3. Les Anglais critiquent pendant de longues années la pratique du rugby en France.   V   F
4. La télévision a ralenti le développement du rugby.   V   F
5. Il n'existe pas de Tournoi des Six Nations pour les femmes.   V   F

Chapitre 2
Répondez aux questions.
1. Quelle organisation définit les règles du rugby ?
....
2. Combien de joueurs s'affrontent en même temps sur le terrain lors d'un match ?
....
3. Comment commence un match ?
....
4. Que fait l'arbitre lorsqu'un joueur commet une faute ?
....
5. Quand l'arbitre siffle-t-il un En avant ?
....

Chapitre 3

Choisissez la bonne réponse.
1. La position et le rôle d'un joueur sont…
    a. généralement liés à son physique.
    b. choisis par l'arbitre du match.
2. Le pack est le nom donné aux…
    a. arrières.
    b. avants.
3. Les finisseurs…
    a. ne rentrent jamais sur le terrain.
    b. ont un rôle aussi important que leurs coéquipiers.
4. La chistera est le nom…
    a. d'une passe entre deux joueurs.
    b. d'un instrument utilisé lors d'une mêlée.
5. À la fin d'un match, les joueurs font une haie d'honneur pour…
    a. se moquer de leurs adversaires.
    b. applaudir leurs adversaires.

Chapitre 4

Compléter les phrases avec le bon mot : *bouclier – maillot – féminin – bleuets – terroir*

1. Le rugby est un élément essentiel du .... du sud-ouest.
2. Le vainqueur du Championnat de France gagne le .... de Brennus.
3. Élite 1 est le nom du championnat de rugby ....
4. Un coq est brodé sur les .... des joueurs français.
5. Les .... ont déjà gagné la coupe du monde des moins de 20 ans.

Chapitre 5

Donnez à chaque équipe son symbole.

Jaguar •	• Italie
Kangourou •	• Nouvelle-Zélande
Antilope •	• Argentine
Fougère •	• Écosse
Laurier •	• Australie
Trèfle •	• Irlande
Poireau •	• Angleterre
Chardon •	• Pays de Galle
Rose •	• Afrique du Sud

Chapitre 6

Cochez la bonne réponse.

1. All Blacks est le surnom des joueurs
  ❏ néo-zélandais.   ❏ italiens.
2. Cinq joueurs du « match des borgnes »
  ❏ portaient des lunettes. ❏ avaient une blessure de guerre.
3. La ❏ cuillère de bois   ❏ fourchette en plastique
  est remise à l'équipe du Tournoi des Six Nations
  qui ne gagne aucun match.
4. Cent minutes est la durée de
  ❏ tous les matchs. ❏ du plus long match de l'histoire.
5. En 2017, l'Irlandaise Joy Neville est la première femme à
  ❏ arbitrer des hommes.
  ❏ jouer dans une équipe masculine.

Chapitre 7

Choisissez la bonne réponse.

1. L'éponge magique sert à
  a. nettoyer un regroupement.
  b. soigner les joueurs.

2. On peut faire tomber un joueur avec une belle
   a. cuillère.
   b. fourchette.
3. La pizza et le saucisson sont
   a. des passes ratées.
   b. de très bons lancers.
4. Faire une chandelle, c'est
   a. soulever un coéquipier.
   b. envoyer le ballon très haut avec le pied.
5. Un joueur qui se fait la valise est un joueur qui
   a. part en vacances.
   b. court le long de la mêlée.

SOLUTIONS

Chapitre 1

1. Faux. Il l'a inventé lors de ses études en Angleterre. **2.** Vrai **3.** Vrai. **4.** Faux. La télévision a accéléré le développement du rugby. **5.** Faux. Le Tournoi des Six Nations pour les femmes existe depuis 1972.

Chapitre 2

1. World Rugby définit les règles du rugby. **2.** Chaque équipe compte quinze joueurs, il y a donc trente joueurs en même temps sur le terrain. **3.** Un match commence par le coup d'envoi, un joueur tape le ballon avec le pied depuis le centre du terrain. **4.** Lorsqu'un joueur commet une faute, l'arbitre siffle une pénalité. **5.** L'arbitre siffle un En avant lorsqu'un joueur passe la balle à un de ses coéquipiers situé derrière lui.

Chapitre 3
1. a ; **2.** b ; **3.** b ; **4.** a ; **5.** b

Chapitre 4
1. terroir **2.** bouclier **3.** féminin **4.** maillots **5.** bleuets.

Chapitre 5

Jaguar	Argentine	Trèfle	Irlande
Kangourou	Australie	Poireau	Pays de Galle
Antilope	Afrique du Sud	Chardon	Écosse
Fougère	Nouvelle-Zélande	Rose	Angleterre
Laurier	Italie		

Chapitre 6
1. All Blacks est le surnom des joueurs néo-zélandais.
2. Cinq joueurs du « match des borgnes » avaient une blessure de guerre.
3. La cuillère de bois est remise à l'équipe du Tournoi des Six Nations qui ne gagne aucun match.
4. Cent minutes est la durée du plus long match de l'histoire.
5. En 2017, l'Irlandaise Joy Neville est la première femme à arbitrer des hommes.

Chapitre 7
1. b ; **2.** a ; **3.** a ; **4.** b ; **5.** b